지은이 빅토리아 퍼즈 Victoria Furze

어릴 때부터 그림 그리기와 책 읽기를 좋아했습니다.
머나먼 나라와 마법의 동물, 바람을 헤치며 넓은 평원을 가로지르는 모험을 꿈꾸었습니다.
영국 캠브리지 예술 대학교 대학원에서 어린이책 일러스트레이션 석사 과정을 마쳤고,
지금은 그림을 그리고, 이야기를 쓰고, 책을 만듭니다.
www.victoriafurze.com

옮긴이 홍선욱

(사)동아시아바다공동체 오션 대표로 바다 쓰레기 문제를 해결하기 위해
조사와 연구, 교육 홍보, 정책 개발, 국제 협력에 힘쓰고 있습니다.
지은 책으로 《바다로 간 플라스틱》 (공저), 《우리 바다 이야기》가 있습니다.

HOME
Text and illustrations copyright ⓒ 2019, Victoria Furze
Korean translation copyright ⓒ 2020, Hanulim Publishing Co., Ltd.
This Korean edition is published by arrangement with Victoria Furze through Ooi Literary Agency.
All rights reserved.

이 책의 한국어판 저작권은 울리터러리를 통해 저작권자와 독점 계약한 ㈜도서출판 한울림에 있습니다.
신저작권법에 의거하여 한국 내에서 보호를 받는 저작물이므로 무단 전재와 무단 복제를 금합니다.

플라스틱이 온다

지은이 빅토리아 퍼즈 | 옮긴이 홍선욱 | 편집 이은파 | 디자인 이순영
펴낸곳 ㈜도서출판 한울림 | 펴낸이 곽미순
출판등록 2004년 4월 12일(제2021-000317호)
주소 서울특별시 마포구 희우정로16길 21 | 대표전화 02-2635-1400 | 팩스 02-2635-1415
블로그 blog.naver.com/hanulimkids | 인스타그램 www.instagram.com/hanulimkids
첫판 1쇄 펴낸날 2020년 3월 13일 4쇄 펴낸날 2025년 6월 27일
ISBN 979-11-6393-016-7 77840

이 책은 저작권법에 따라 보호받는 저작물이므로, 저작자와 출판사 양측의 허락 없이는 이 책의 일부 혹은 전체를 인용하거나 옮겨 실을 수 없습니다.

*한울림어린이는 ㈜도서출판 한울림의 어린이 책 브랜드입니다.
*잘못된 책은 바꾸어 드립니다.

어린이제품안전특별법에 의한 제품 표시 제조국 대한민국 사용연령 7세 이상

플라스틱이 온다

빅토리아 퍼즈 지음
홍선욱 옮김

한울림어린이

산호초 사이로 울려 퍼지는
귀에 익은 멜로디.
오랫동안 잊고 있었던 노래.

수천 년 동안
이곳에서 살아온 이들은
모두 알고 있는 이야기.

친구에게서 적으로,
적에게서 친구로
전해진 이야기.

늘 그랬다.
어떤 친구들은 먼 곳으로 떠났다가
어김없이 돌아왔다.
나이를 먹고 더 현명해져서
고향으로 돌아왔다.
다른 친구들은 언제나 한자리에 머물렀다.

아주 오랫동안 이곳은 별로 달라진 게 없었다.
생명은 쉼 없이 이어졌고,
늘 그랬듯이 나날이 번성했다.

그런데

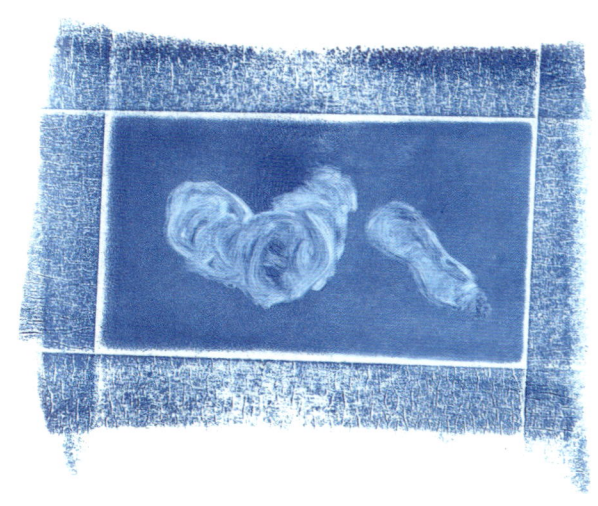

그들이 왔다.

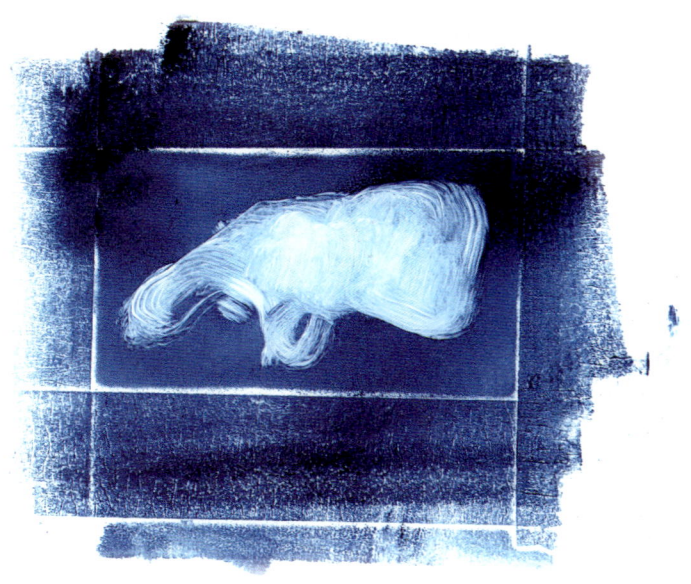

울적한 음악에 맞춰 신비롭게 흐느적거리면서.

친구일까?

적일까?

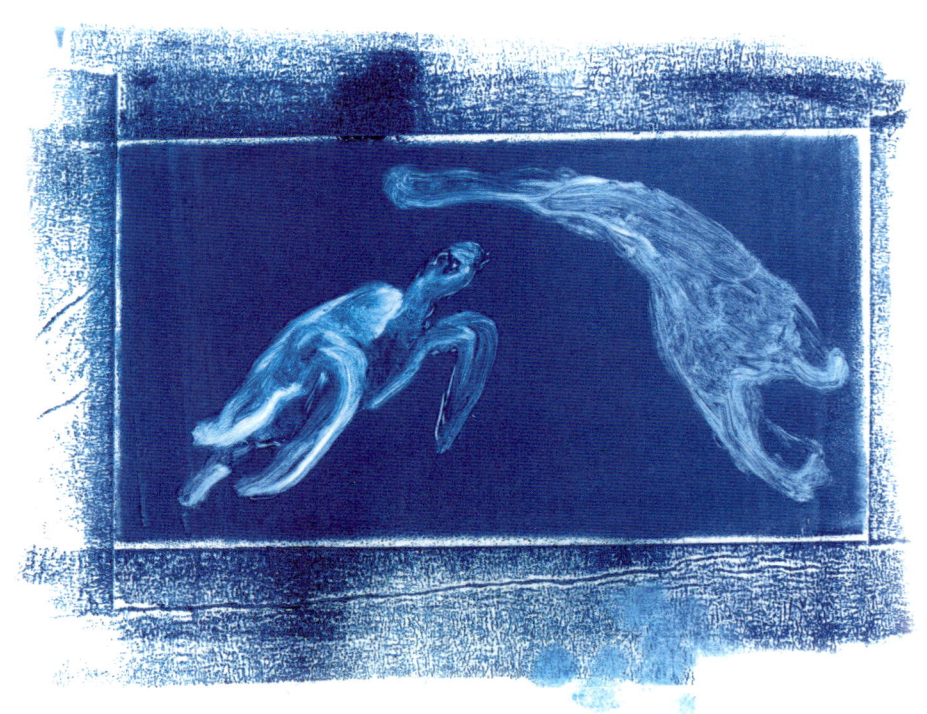

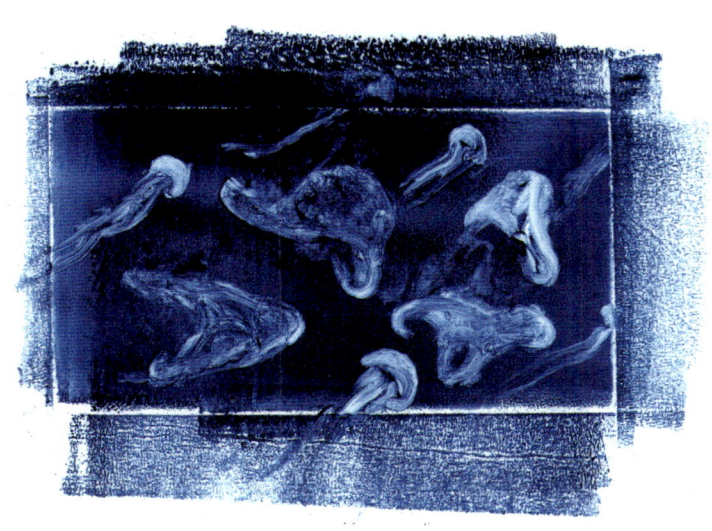

그들의 정체를 알 수 없었다.
그만 오라고 소리쳤다.

이렇게 우리 바다에는 날마다
셀 수 없이 많은 플라스틱 쓰레기가 떠내려온다.

모든 바다거북, 그리고 바다 포유류의 절반가량이
플라스틱 쓰레기로 고통 받는다.

해마다 플라스틱 쓰레기 때문에 죽어 간
바다 포유류와 바다거북이 10만 마리에 이른다.

쉽게 쓰고 버리는 비닐봉지는 300년 동안 썩지 않는다.

플라스틱이 더 이상 우리 바다를 오염시키지 못하게
모두 함께 노력해야 한다.

우리는 변화를 이루어 내야만 한다.

플라스틱 없는 바다를.

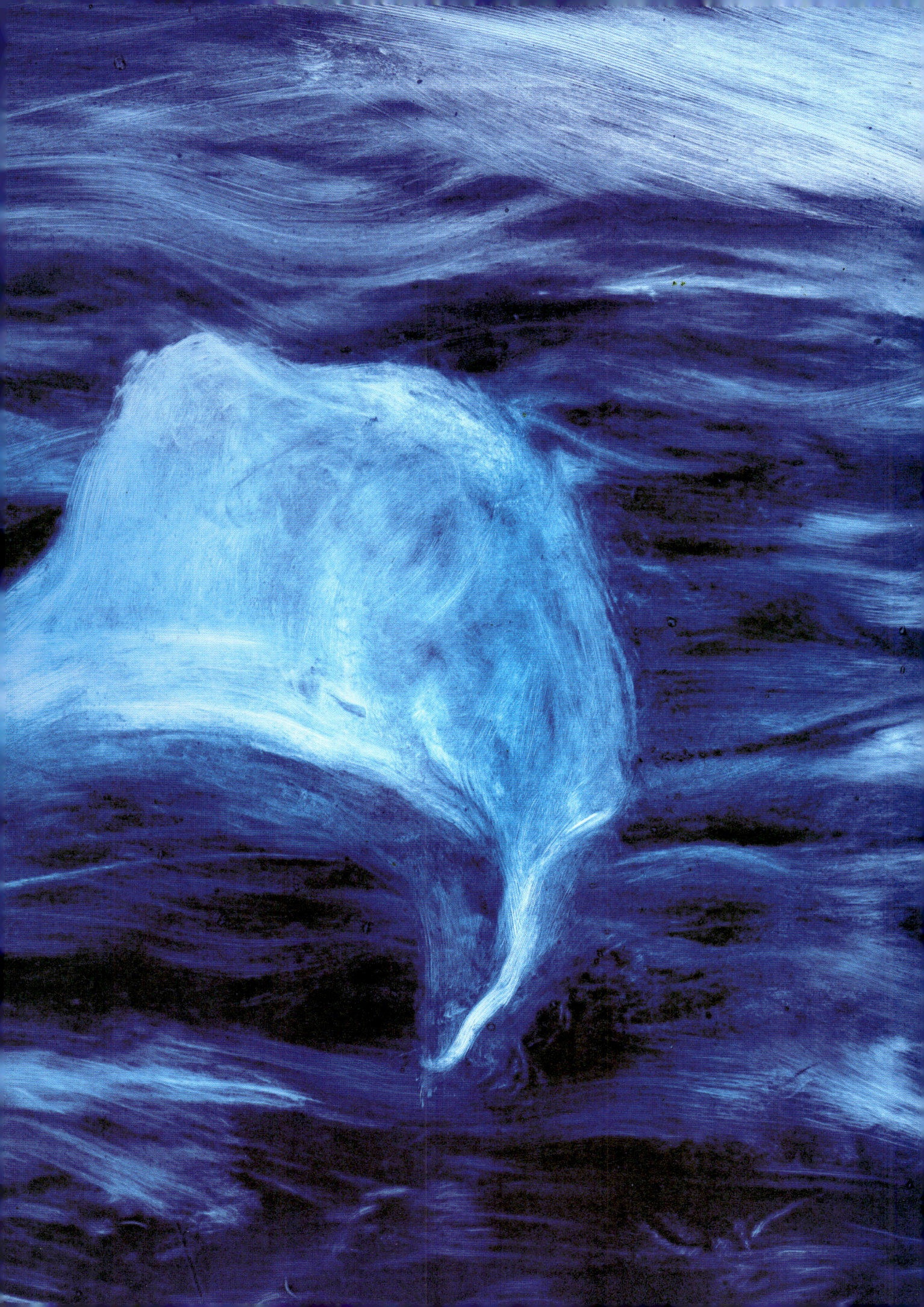

깨끗한 바다, 함께 만들어요!

깨끗한 바다를 만들기 위해 우리가 할 수 있는 일은 무엇이 있을까요?
㈔동아시아바다공동체 오션에서 어린이 여러분이 바다를 위해 할 수 있는 행동을 알려 줄게요.

지금 이 순간에도 우리가 버린 쓰레기가 바다를 떠다니고 있다는 사실을 알고 있나요?
사실 꽤 많은 바다 쓰레기가 육지에서 버려져 강이나 하천을 타고 바다로 흘러든 거예요.
그러니 바닷가에 놀러 갈 때뿐 아니라 일상생활에서 쓰레기를 줄여야 해요.
바다 쓰레기의 대부분은 플라스틱 쓰레기예요. 그중에서도 아래 다섯 가지 종류의 쓰레기가 절반을 차지합니다.
우리가 이것만이라도 줄인다면 바다 쓰레기의 반을 줄일 수 있어요.

- **페트병과 병뚜껑**
  마실 물은 물병에 담아 가지고 다닙니다.

- **과자 포장 비닐**
  되도록 낱개 포장된 과자를 사지 않아요. 하지만 어쩔 수 없는 때는 재활용 쓰레기로 분리해서 버립니다.

- **비닐봉지**
  에코백이나 여러 번 사용할 수 있는 지퍼백을 가지고 다녀요.

- **종이컵, 플라스틱 빨대, 물휴지**
  물병을 사용하면 종이컵을 쓰지 않아도 됩니다. 플라스틱 빨대 대신 스테인리스로 된 빨대를 사용해요.
  물에 녹지 않는 물휴지 대신 손수건을 가지고 다닙니다.

- **스티로폼 용기**
  배달 음식을 먹으면 스티로폼 용기가 꽤 많이 나오죠. 이 문제는 나라에서 정책으로 바꿔 주어야 해요.
  환경부에서 이 업무를 담당하고 있어요. 정책이 좋은 방향으로 나아가도록 우리가 관심을 가져야 해요.

이 밖에도 많이 발생하지는 않지만 위험한 쓰레기가 있어요. 소원을 담아 하늘로 날려 보낸 풍선은 바람이 빠지면 바다로 떨어져 바다 생물의 생명을 위협해요. 바다 생물이 먹이로 착각해 삼키거나, 풍선 줄에 감길 위험이 있어요. 바닷가에서 밤에 터뜨리는 폭죽도 위험한 쓰레기를 남겨요. 플라스틱으로 된 폭죽 껍질을 바다 생물들이 먹을 수 있거든요. 바닷가에서는 폭죽이나 불꽃놀이가 법으로 금지되어 있으니 잘 지켜 주면 좋겠어요.
나머지는 물고기나 해산물을 생산하는 데 들어가는 어구 쓰레기예요.
오션에서는 어민들이 어구를 제대로 쓰고, 다 쓴 것은 반드시 되가져 오도록 하기 위해 여러 활동을 하고 있어요.
여러분이 반을 줄이고 오션에서 반을 줄이면 우리 바다가 지금보다 훨씬 깨끗해질 수 있어요.